AF400996

MÉMOIRE

SUR

LA NÉCESSITÉ D'ÉTABLIR

DES

TRIBUNAUX MARITIMES
EN RUSSIE.

PAR M. P. B. DE BOUCHER,

Conseiller d'Etat, attaché au ministère de l'intérieur, ancien juris-
consulte et professeur à l'académie de législation de Paris ;
auteur de divers ouvrages sur la jurisprudence commerciale et
maritime ; membre de plusieurs sociétés savantes de France ;
de la société royale de Goetingue; de l'université de Wilna; l'un
des redacteurs du projet de code de commerce et de marine ;
attaché à la commission des lois.

» *Les retards, sont aussi funestes aux marins, que les*
» *ouragans, les tempêtes et les écueils.*
» *En Hollande, la justice y est prompte, attendu que la promp-*
» *titude a une influence trés-considérable sur le commerce.* «
Guillaume IV, Prince d'Orange.

ST.-PÉTERSBOURG,

DE L'IMPRIMERIE DU SÉNAT-DIRIGEANT.

1814.

Motifs du présent opuscule.

Quelques personnes ont pensé que les contrats maritimes comme les contrats commerciaux, devaient être attribués aux tribunaux de commerce, d'autres au contraire ont pensé qu'ils devaient être portés devant les tribunaux maritimes : étant de l'avis de celles-ci, j'ai cru devoir rédiger cet opuscule pour faire connaître les motifs de cette opinion , connaître ceux de l'opinion des personnes qui me sont opposées, et ceux des personnes capables de faire pencher la balance du côté favorable.

En me décidant à composer ce mémoire, je me suis dit : la législation commerciale doit considérer le commerce, dans les rapports qu'il a entre les nationaux et dans ceux qu'il établit entre les nationaux et les étrangers, en ne perdant point de vue, que la simplicité de ses opérations et leur succès réclament l'activité, l'économie, la prompte décision de ses différens, la confiance, la ponctualité dans les engagemens et dans leur exécution, parce que ce sont de ces considérations que dépendent son honneur et son existence ; car si elles sont méconnues en confondant deux espèces de justiciabilités, qui sont distinctes, séparées et pour ainsi dire hétérogènes l'une à l'autre par leur nature, il n'aura plus qu'une existence languissante, qui communiquera sa langueur à toutes les parties qui concourent à la prospérité publique.

Il n'est nullement douteux, qu'un bon système de législation commerciale, posé sur des bases aussi immuables que celles sur lesquelles le commerce lui-même repose, ne conduise l'intérêt particulier, à s'unir à l'intérêt général en se présentant entre les nations comme une divinité bienfaisante veillant à l'harmonie qui doit faire d'elles une seule famille et produire des merveilles semblables à celles qui, par une espèce de pouvoir magique, ont arraché Vénise, Amsterdam et St.-Pétersbourg au sein des eaux, et les ont élevés dans les airs, comme pour attester à la postérité la plus reculée la force et la puissance du commerce; aussi Raynal, parcourant d'un œil philosophique ces incroyables prodiges de grandeur et de gloire, s'écrie-t-il, avec enthousiasme :

» Je me suis demandé qui est - ce
» qui a creusé ces canaux ? qui est-ce

» qui a desséché ces plaines ? qui est-
» ce qui a fondé ces villes ? qui est-
» ce qui a rassemblé, vêtu, civilisé ces
» peuples ?..... alors toutes les voix
» des hommes éclairés.... m'ont ré-
» pondu : c'est le commerce ! c'est le
» commerce ! «

MÉMOIRE

sur la nécessité d'établir des tribunaux maritimes en Russie.

Vu l'insuffisance des lois nautiques, la jurisprudence maritime est tellement difficile, tellement hérissée de difficultés, que je n'ai jamais mis la plume à la main, pour donner une consultation sur une affaire qui leur était soumise, sans trembler de donner des décisions peu satisfaisantes; car, telle matière qui, au premier coup-d'oeil, semble découler comme de source, en passant par le creuset de l'analyse, présente un vague si considérable, que tout ce qu'on croit avoir saisi, s'évanouit, comme s'évanouit un vain songe lors du réveil. Cela vient de ce que ces sortes d'affaires comme les vents et les flots qui les font naître en grande partie, se présentent sous différens aspects, variés à l'infini ; aussi, pour faire une juste application des lois maritimes, faut-il d'abord avoir une connaissance exacte de la nature des faits, de tout ce qui leur est accessoire, et ensuite avoir, pour ainsi dire, blanchi sur les livres de droit ; car, il ne faut point perdre de vue , que dans toute l'Europe, les traits lucides de la législation romaine, percent à travers la législation maritime; comme les brillants rayons du soleil, percent à travers les corps diaphanes.

Mais, si la juste application des lois maritimes est difficile, la composition de ces mêmes lois est bien tout autrement difficultueuse. J'en appèle pour preuve de cette vérité à la célèbre ordonnance de 1681 de France, et à d'autres lois étrangères : cette ordonnance, qui est un chef-d'oeuvre de compilation, faite d'après les lois Rhodiennes, le consulat de la mer, les jugemens d'Oleron, les ordonnances de Wisbuy, et les règlemens de la hanse Teutonique, a fait sortir du génie de Valin, deux forts volumes in-4. de commentaires et de lois supplémentaires ; dans lequel, tout en couvrant de ridicule un commentateur très-ignorant, conséquemment plein de présomption, nommé Merville, il a fait toute sorte d'efforts pour concilier certains articles avec d'autres, sans avoir, et de bien s'en faut, toujours atteint son but, et qui pis est, quelque fois en se contredisant lui-même.

Par exemple dans un article, il prétend qu'il est indispensable qu'un capitaine sache écrire, et se moque de Merville, de ce qu'il dit, qu'il est indifférent qu'il soit illettré; puis dans un autre article, il affirme qu'on peut être capitaine, sans savoir écrire. Ces assertions diamétralement opposées, viennent plutôt de l'énonciation vicieuse de la loi, que de l'ignorance de son commentateur. Valin, moins instruit que ce qu'il était, n'aurait point fait cette grossière faute, parce qu'il ne se serait point laissé entraîner par une bonne logique, qui naturellement coulait de la nature des décisions opposées qu'il commentait.

La seule partie des assurances et des contrats à la grosse, a fait écrire à Emérigon deux gros volumes in-4., dans lesquels il n'est pas toujours d'accord avec

son ami Valin, de là des lois, des règlemens, qui pour la plupart ont plutôt ré-
pandu des nuages obscurs sur la matière, qu'ils ne l'ont éclairée ; telle est par
exemple la déclaration de 1779, sur le
motif de laquelle, Valin, Pothier, Emérigon, Figon, la chambre du commerce de
Marseille et plusieurs négocians , ont été
d'avis différent , et ce qu'il y a de plus
singulier, c'est que le point litigieux est resté
sans décision, avec cette différence, qu'il
est plus obscur que jamais.

Sur cette question , l'assureur qui se
fait réassurer, doit-il déduire la prime de
la première assurance ?

Ici Hypocrate dit oui , et Galien dit
non ; en effet,

Valin, *page* 63., Pothier n. 36. répon-
dent *affirmativement* : mais Emérigon,
page 249, *tom.* 1., Rocus, Casaregis, et
un arrêt d'Aix, du 18 Juin 1782 , répon-
dent *négativement.* Qu'entend-on par *agrés
et apparaux* ? aucune loi ne dit nettement
ce qu'on entend par ces expressions.

La chaloupe fait - elle partie des agrêts
et apparaux ? Labeon , *lég.* 29. *ff. de
Instruct. légat.* Valin, (tom. 1. pag. 344)
disent non ; mais : Paulus, Kuricke, Loc-
cenius Straccha, Targa et Emérigon. (tom.
1. p. 180. disent oui.

L'art. 1. de l'ordonnance de la marine
d'Amsterdam prohibe certaine assurance(*a*),
suivant Ricard , il se fait beaucoup d'assurances, dans lesquelles on renonce For-
mellement à la loi. La faveur du commerce fait tolérer cet abus criant; car, y
a t-il un abus plus criant que celui qui
conduit à paralyser par la convention l'effet
d'une loi prohibitive ?

D'après ce très-faible échantillon des difficultés que présente le contentieux maritime , que l'on juge, si j'ai tort d'affirmer
que la législation qui compète cette partie
est absolument pleine de difficultés et
qu'il faut de grandes connaissances en
droit pour la traiter et pour l'appliquer ;
que conséquemment un code de cette

______

(*a*) Ricard, négoce d'Amsterdam, édition 1723, page 260

nature serait absolument manqué, s'il ne présentait que de simples notions, pleines de lacunes, de contrariétés, d'obscurités, que les progrés et l'expérience d'aujourd'hui nous signalent.

Non-seulement dans l'ordonnance de 1681, il y a des obscurités, mais encore il y a des lacunes : par exemple, elle n'établit aucune prescription en matière de contrat à la grosse, ni par rapport au donneur, ni par rapport au preneur, et ne fixe point (ainsi que le nouveau code de commerce) la lattitude du mot *Baraterie*, expression très-riche dans la marine, laquelle étant restreinte par les uns, et étendue par les autres, occasionne beaucoup de procès ruineux; d'autant plus que le plus souvent elle compromet une grande partie de la fortune des assureurs, ou des assurés.

Aucune loi ne décide si un bâtiment frété, assuré et expédié pour une île, est censé avoir terminé son voyage d'allée au premier port qu'il touche dans cette île, ou bien si après y avoir touché, il peut, sans déroger aux lois du contrat, en faire une fois ou cent fois le tour, tel, par exemple, que celui de St.-Domingue qui a environ 400 lieues de circonférence ; conséquemment, s'il est permis de multiplier les risques à l'égard du navire, et par rapport aux assureurs, et d'allonger le voyage pour lequel s'est engagé l'équipage.

Les Mrs. Bovarlais, assureurs de Dunkerque, vinrent à Paris me consulter sur ce point, à l'égard d'un vaisseau, expédié pour Tabago, qu'ils avaient assuré, mais qui avait été pris en faisant plusieurs échelles autour de cette île. Je leur donnai un avis, lequel n'étant pas une loi, comme ne sont point tels tous les avis possibles, il fut tellement controversé et d'ailleurs les opinions, furent tellement partagées et divergentées, que cette affaire, fort simple au premier coup-d'oeil, mais extraordinairement difficile, en étant analysée, fut terminée par une transaction; de manière qu'elle est toujours indécise.

En France, même avant la révolution, la jurisprudence et la législation maritime étaient tellement estimées, pleines de difficultés, que lorsque les parties s'étaient soumises à l'arbitrage sous le rapport *du droit* et non *du fait*; les juges, contre les principes et même contre la loi, retenaient la cause, et cette rétention était confirmée par les cours supérieures; c'est ce qu'atteste M. *Coppens*, ancien procureur du roi à l'amirauté de Dunkerque, homme très-instruit dans la partie maritime, parce qu'il a été avocat, puis négociant, puis magistrat dans les tribunaux de mer, comme il le dit lui-même, *page* 39 de ses *tribunaux maritimes*.

Le commerce a tellement fait de progrès depuis que la célèbre ordonnance de 1681 a été rédigée, que je m'engage à prouver, que dans cette compilation, il y a aumoins cent lacunes, plus de deux cents questions à résoudre, et un grand nombre d'articles que l'on croit être similaires, qui cependant ne le sont point.

Ce qui fait qu'aujourd'hui elle n'offre plus qu'un excellent canevas, propre (tout en attestant les grands talents de ceux qui l'ont produit) à fournir les bases d'un code maritime, digne d'une grande puissance telle qu'est la Russie. .

Ce serait donc, pour ainsi dire, en pure perte, que l'on ferait des lois sur cette compilation en la paraphrasant sans une attention scrupuleuse, surtout en y ajoutant des décisions prises dans d'autres lois, sans en avoir fait un choix scrupuleux et sans les amender de plusieurs articles que les progrès du commerce de nos jours réclament, parce qu'alors, risquant de s'y trouver plusieurs esprits (au lieu d'un seul esprit unique), sans s'en douter, on ferait un ouvrage en mosaïque, dans lequel les pièces de rapport ne seraient nullement ni en liaison, ni en connexion les unes avec les autres: je pourrais fournir des preuves de cette vérité ; mais je me dispense de les fournir, parce qu'elles ne sont point absolument utiles au sujet que je traite.

Il faut ne point perdre de vue qu'il est ici question de lois qui sont essentiellement du droit des gens, et auxquelles tiennent en grande partie la prospérité et la gloire de l'Etat, que conséquemment, il ne faut pas qu'elles conduissent le juge à couper arbitrairement, à grands coups de sabre, le noeud gordien des difficultés : mais il faut qu'elles le conduisent à savamment le dénouer.

Je viens, je le pense, de montrer toutes les ronces et les épines qui entourent la législation maritime et son application. Actuellement je vais montrer quels sont les moyens, que les grandes puissances ont employés pour les élaguer, en remontant aussi haut que possible, pour en venir jusques à nous.

Dans les tems les plus anciens, on a sainement jugé, que *les retards en matière maritime, étaient plus préjudiciables aux marins, que les ouragans, les tempètes et les écueils.* Ce qui a fait dire à Montesquieu (*a*):

____

(*a*) Esprit des lois, Liv. 20, ch. 12.

» Xénophon, au livre des revenus, vou-
» drait qu'on donnât des récompenses à ceux
» des préfets du commerce qui expédient
» le plus vîte les procès « (a).

Toubeau (b) vient à l'appui du philosophe, en disant :

» Chez les Grecs, les juges des marchands
» se transportaient sur le port, entraient
» dans les navires, entendaient les diffé-
» rens et les jugeaient sur le champ. «

Lucien, dans l'un de ses dialogues parle
de ces juges.

Les Romains, comme on le voit dans
Justinien, créérent un préfet pour les étrangers, conséquemment pour les marins, lesquels dévaient être jugés : comme le dit la
loi : (c) *extra ordinem, levato velo.*

______

(a) Depuis les Grecs, jusques vers le milieu du 15éme
siècle, tous les négocians étaient marins, ou comme pas-
sagers, ou comme patrons, ou comme subrécargue. Cela
n'a été que vers l'époque mentionnée que le commerce
par commission a paru ; avant, chaque marchand ou
son commis suivait et vendait lui-même sa marchandise.
Voyez mon *Consulat de la mer.*

(b) Institut, Consulaires, Liv. I, tit. I, ch. 2, p. 9,

(c) Lég. 3, de feriis, et dilationibus ; Leg. submersis, Cod.
Naufragis, Lib. 10. Boucheau, traité de commerce,

Aussi en 1295, il fut établi à Bordeaux, un juge qui devait juger d'heure en heure, même les jours de fêtes. L'ordonnance de 1681, titre des *ajournemens*, art. 11. porte la même décision.

Vu l'importance de la matière, dans tous les pays, les jurisdictions maritimes ont précédé les jurisdictions mercantiles; par exemple, Pise, en l'an 1000 (*a*) avait un tribunal de mer; Valence en 1283, avait un tribunal maritime, appelé prudhommes de mer (*b*), qui plus est, en France par l'ordonnance du commerce de 1673, titre 12, art. 7. les contrats et obligations maritimes étant attribués aux tribunaux consulaires, par l'ordonnance de 1681, ils leur furent ôtés, et remis aux tribunaux maritimes, fondés apparemment sur ce que 1°. les juges des tribunaux consulaires n'avaient point les connaissances requises pour juger de pareilles causes; 2°. parce qu'ils se trouvaient presque toujours juges

(*a*) Azuni, système au droit maritime.
(*b*) Capmany, collection diplomatique.

et partie ; 3°. parce que leur juridiction se trouverait trop chargée ; 4°. parce que leur occupation journalière ne leur permettraient point de se rendre à leur tribunal à toutes les heures du jour, pour juger de pareilles causes.

En Angletterre, suivant Blakstone, (a) pour les assurances seules, Elizabeth établit une cour, qu'elle appela *cour de polices d'assurances* ; depuis, le lord chancelier, suivant le même auteur, juge ces sortes de litiges qui sont portées devant une commission de l'amirauté, qui est composée du greffier de Londres, de deux docteurs en droit romain, de deux avocats, de huit marchands, dont l'un doit être docteur en droit romain ; puis Mr. *Coppens* (b) dit, qu'excepté pour les prises, les Anglais font juger toutes les contestations maritimes par un jury, composé de négocians, qui ne fait *qu'éclaircir et*

______

(a) Comment. Lois. Ang. édit. franç. de 1773, T. 4, p. 116.

(b) Des tribunaux maritimes, page 39.

constater les faits , pendant que des magistrats , habiles jurisconsultes, appliquent *le droit.*

En Hollande, la chambre d'assurance est le juge compétent pour les assurances.

Voilà donc trois grandes puissances, la France, l'Angleterre , et la Hollande, qui ont pensé qu'il fallait des juges très-exercés pour administrer la justice maritime.

Pour être juge en pareille matière , il faut donc être très - instruit, et sacrifier tout son temps à son état; ce qui suppose qu'il ne faut point s'occuper d'autre chose.

D'après cet exposé, examinons si les tribunaux de commerce, peuvent avoir dans leur attribution ce qui a rapport aux contrats et obligations maritimes, et pour être plus décisif, je vais mettre en parallèle les deux espèces de tribunaux.

TRIBUNAUX CONSULAIRES.	TRIBUNAUX MARITIMES.
Les juges consulaires ne peuvent point être aussi instruits que les juges maritimes, parce qu'ils sont tels temporairement.	Les juges maritimes peuvent être plus instruits que les juges consulaires parce qu'ils sont tels à vie.
Les juges consulaires ne peuvent donner qu'une très-petite partie de leur tems à leur juridiction.	Les juges maritimes peuvent donner tout leur tems à leur juridiction.
Les juges consulaires au terme de la loi, doivent être marchands.	Les juges maritimes au terme de la loi, ne doivent point être marchands.
Les juges consulaires ne peuvent point administrer la justice d'heure en heure au terme de la loi.	Les juges maritimes peuvent administrer la justice d'heure en heure au terme de la loi.
Les juges consulaires n'ont point d'officiers, chargés de veiller et de stipuler les intérêts des mineurs, absens et des équipages.	Les juges maritimes ont de pareils officiers.
Chez les juges consulaires les questions difficiles sont jugées par le greffier, comme étant plus instruit qu'eux.	Chez les juges maritimes, les juges jugent eux-mêmes, comme étant aussi instruits que leur greffier.
Dans une grande ville maritime, il n'est nullement possible, que les tribunaux consulaires jugent toutes les causes.	Dans une grande ville maritime, il est possible que les juges maritimes jugent toutes les causes.
Dans les ports de mer, il est souvent possible que tous les juges du tribunal consulaire soient récusés.	Dans les ports de mer il n'est jamais possible que les juges du tribunal maritime soient tous récusés,
Souvent et très-souvent dans les tribunaux consulaires, les juges peuvent pour fait maritimes, être suspectés d'être juges et parties.	Jamais avec raison dans les tribunaux maritimes les juges ne peuvent, pour fait de leur compétence, être suspecté d'être juges et parties.

En France, par la suite de la manie révolutionaire de tout changer, on a donné les attributions maritimes aux tribunaux consulaires; qu'est-il arrivé ? que quelque tems après, on a été obligé de leur en ôter une partie, et que vraisemblablement, on sera forcé de leur ôter l'autre. En effet:

En 1792, on présenta en France deux pétitions, l'une de la part des négocians au Havre qui observèrent :

» Qu'il était nécessaire de pourvoir au
» nouvel ordre de choses, parce qu'il arri-
» vait fréquemment, que les cinq juges du
» tribunal de commerce, se trouvaient à
» la fois *récusables*, soit comme assureurs,
» soit comme assurés, de manière à ce
» que le tribunal en était absolument pa-
» ralysé « (a).

La seconde pétition était des négocians de Dunkerque, qui représentèrent qu'il serait avantageux, que les juges du commerce fussent autorisés à *s'associer des hommes de loi, pour juger conjointement*

(a) Des tribunaux maritimes, page 49, par M. Coppens.

avec eux, les affaires d'assurances. Les événements du 20 Juin et 10 Août, l'installation de la convention ont été cause qu'il n'a pas été fait droit à ces demandes.

Tout ceci est d'autant plus décisif que par rapport au frêt; par rapport aux assurances, tout un tribunal marchand peut se trouver intéressé ou comme demandeur, ou comme défendeur. Je ne pense pas qu'on puisse répliquer victorieusement à cet argument.

Les négocians toujours compétens pour les questions *de fait*, qui concernent la marchandise, sont rarement compétens pour *les questions de droit* (a) et *de fait*, qui concernent la marine; d'ailleurs, ayant fort peu de tems à donner à leur tribunal, si on leur attribuait les affaires maritimes, (comme je l'ai déjà dit en d'autres termes.) Ils ne pourraient jamais parvenir à juger toutes les contestations qui

____

(a) Savary, Parère 16, page 144; Emérigon , tom. 2, page 354; Valin, tom. 1. page 19 préface ; Dupuis de la Serra, art. des lettres de change.

seraient pendantes devant eux, de manière que celles qui doivent être décidées d'un jour à autre, ne le seraient que dans six mois, un an et peut-être plus.

Mr. Thomas, greffier du tribunal de commerce de Paris, m'a assuré, qu'on y jugeait tous les ans 3o,ooo causes ou environ, et Mr. Coppens certifie que dans les amirautés on y jugeait dans le même espace de tems environ 3,ooo causes (a), qui très-certainement par leur diffcultés, devaient prendre plus de tems que les 3o,ooo, dont je viens de parler.

Plutarque, vie de Caton, dit : » ce ne » sont point les jeunes questeurs et les » édiles qui gouvernent, mais leurs gref- » fiers, parce que les jeunes questeurs sont » temporaires, et que les greffiers sont à » vie. «

A quoi ajoute Ciceron :

» Les magistrats ne sont instruits des » lois qu'autant que l'intérêt de leur gref- » fier l'exige. «

____

(a) Voyez tribunaux maritimes par Coppens.

Ce que disaient ces deux anciens au-
teurs des magistrats temporaires de Rome,
on peut le dire avec non moins de raison, de presque tous les tribunaux de
commerce, dont les juges ne sont que
pour un certain tems en place ; aussi lors
de la rédaction de l'ordonnance civile de
France de 1667, le président Pussort, en
parlant sur les juridictions consulaires
s'exprima-t-il ainsi :

» Dans la plus part des juridictions con-
» sulaires, le greffier juge seul les affaires,
» parce qu'il est le seul, qui les puisse
» entendre « (a).

Le grave inconvénient duquel se plai-
gnait avec justice le président Pussort,
résultait de celui des places temporaires
des juges et de l'inamovibilité des greffiers.

Dans la compétence *mercantile*, il faut
distinguer deux choses : celles qui appartiennent *au fait de la navigation*, et celles qui appartiennent *au commerce, dont*

(a) Procès verbal de l'ordonnance de 1667, page 75 édition 1697.

la navigation n'est que l'occasion et le moyen.

Tout ce qui touche au fait de la navigation en lui-même appartient incontestablement aux tribunaux maritimes, tant en demandant qu'en défendant, comme par exemple, la construction des vaisseaux, leurs agrêts et apparaux, leur avitaillement, leur équipement, leur vente et leur adjudication; les chartres-parties, leur affrêtement, leur connaissements, leur frêt, l'engagement et le loyer des matelots, et des vituailles qui leur sont fournies, de l'ordre du capitaine pendant l'équipement des vaisseaux, les polices d'assurances, les obligations à la grosse, les ventes et achats de marchandises pour mettre le vaisseau en état de partir, les gages, les obligations des mariniers. Toutes ces choses appartenant *au fait de la navigation sont de la compétence des tribunaux maritimes.*

Mais les marchandises et les pacotilles qui sont simplement voiturées par le vais-

seau d'un port à un autre, quand les contestations ne sont pas relatives aux fortu-
nes de mer, ces choses appartenant *au
commerce dont la navigation n'est que
l'occasion et le moyen, sont de la compétence des tribunaux consulaires.*

Ainsi, *le fait, l'occasion, le moyen de
la navigation,* sont les traits caractéristiques, qui tirent net une ligne de démar-
cation, entre les deux compétences, et
ils sont tellement caractéristiques, qu'il
n'est nullement possible de se méprendre.

Si les habiles généraux de Louis XIV.
ont reculé les limites de la France, un
simple marchand-mercier, nommé Savary, par son ordonnance du commerce de
1673; un avocat, nommé Levayer *de Bou-
tigny,* par son ordonnance de 1681, l'ont
portée au plus haut degré de prospérité.
Car à peine ces deux admirables codes
eurent paru, que l'industrie sortit de l'en-
gourdissement dans laquelle elle était re-
tenue, que les villes de l'intérieur se rem-
plirent d'ouvriers, que d'immenses spé-

culations se firent, que de puissantes compagnies se formèrent, que de grandes colonies s'établirent, que des bâtimens nationaux portèrent pavillon blanc déployé, les produits des fabriques, des manufactures et de l'agriculture dans les quatre parties du monde, et rapportèrent en échange des richesses immenses; alors on vit venir en foule, dans la nouvelle Carthage, des négocians de toutes les nations, sûrs de trouver sous l'égide d'une justice prompte, peu couteuse et impartiale, la bonne foi, la sûreté et la tranquillité, sans laquelle le commerce ne peut se faire avec quelque avantage; car, comme le dit très-bien Montesquieu (a):

» Les affaires du Commerce sont très-
» peu susceptible des formalités, ce sont
» des actions de chaque jour, que d'autres
» de même nature, doivent suivre chaque
» jour. Il faut donc, qu'elles puissent être
» décidées chaque jour. «

____

(a) Esprit des lois, liv. 20, ch. 16.

Puis ailleurs, (*a*) il ajoute cette éternelle vérité :

» Le commerce, tantôt détruit par les » conquérans, tantôt gêné par les monar- » ques, parcourt la terre, fuit d'où il est » opprimé, se repose où on le laisse res- » pirer ; il règne aujourd'hui où l'on ne » voyait que des déserts, des mers et des » rochers ; là où il régnait, il n'y a que » des déserts. «

Indépendamment des grands avantages qui doivent résulter de la distinction des deux espèces de justiciabilité, il y aura encore celui d'offrir une retraite honorable aux marins que des blessures, l'affaiblissement de leur santé et autres raisons valables, auront forcé de sortir du service actif, pour entrer dans le service passif. Parce que les tribunaux maritimes présenteront aux vieillards des emplois qui demandent de grandes connaissances dans les faits et aux jeunes gens des emplois, qui demandent de grandes connaissan-

(*a*) Livre II. ch. 5.

ces dans le droit , connaissances qu'ils acquerront par l'étude et la pratique constante de tous les jours (*a*) , et c'est ainsi que de braves marins , échappés aux ouragans , aux tempêtes et à la fureur des flots, en servant sous le pavillon de l'état , le serviront sous les voûtes du temple de la justice, au milieu du calme et de la tranquillité qui en sont ses compagnes inséparables.

Négocians Russes, en 1800 j'ai fait voir (*b*) tout ce qu'on pouvait attendre du grand et noble caractère espagnol; en 1801, j'ai dit (*c*) que la Russie était appelée à de hautes destinées ; en 1813 dans deux prospectus , j'ai annoncé au farouche et stupide tyran, destructeur des hommes et du commerce, le sort qu'il éprouve aujourd'hui ; dans ma première assertion, je pense que les événemens ont prouvé que

---

(*a*) S'il n'y a pas assez de marins pour remplir ces emplois, on formera des personnes pour les remplir.

(*b*) Science des négocians , édition in-4. de 1800 , page 120 du dictionnaire.

(*c*) Institutions commerciales, édition 1801, page 10, note *a*.

je n'avais rien avancé de trop ; dans ma troisième je crois, qu'il est clairement démontré que je ne me suis point fait illusion; quant à ma seconde, la gloire dont Sa Majesté se couvre, prouve, à n'en point douter, que dans ma prédiction je n'ai pas tombé dans l'erreur. Aussi voyons nous que :

Dans la paix qui vient de consoler l'humanité, affligée depuis environ vingt-cinq ans, le laboureur rendu à sa charrue'; l'artisan à son atelier ; le négociant occupé de ses spéculations, tous empressés de reparer leur incalculables pertes et de faire refleurir de nouveau l'agriculture, le commerce, la marine, les sciences et les arts, nous promettent un avenir heureux, propre à nous faire oublier en partie le passé malheureux.

Au milieu de cette activité inouie, l'empire couvert de lauriers, de palmes et d'immortelles, voit dans son vaste et riche territoire déployer majestueusement ses hautes destinées, comme il y a vu sous ses

aigles triomphantes , déployer ses nom-
breuses légions lorsque l'ennemi du genre
humain, d'une voix sépulchrale a osé lui
crier :

» L'irrésistible destinée de la Russie, l'en-
» traîne vers sa chûte. «

Et c'est ainsi que la bravoure russe,
après avoir fait rentrer dans le néant le
monstre , qui pour le bonheur du genre
humain, n'aurait jamais dû en sortir, a
commencé à réaliser ma prophétie , qui
va se réaliser entièrement , lorsqu'elle
ouvrira ses ports et ses riches magasins
aux nations reconnaissantes qui l'admi-
rent et l'admireront jusques à la fin des
siècles.

Mais quelque soit la circonstance favorable au commerce, il serait toujours lan-
guissant, · si de bienfaisantes lois ne pre-
naient sous leur égide ses transactions :
aussi les rédacteurs du projet de code de
commerce et de marine, s'occupent-ils
avec ardeur de remplir leur honorable
tâche, en ayant continuellement présent à

la mémoire ce bel apophtègme de Pytha-
gore (*a*).

» Ecrivez vos lois avec un rayon du so-
» leil, soyez aussi lucide que cet astre ;
» l'ouvrage de la sagesse est éternel : celui
» de la folie s'ébranle sans cesse et ne tarde
» point à s'écrouler. La première grave
» son caractère durable sur le rocher ; la
» seconde trace les siens sur le sable. «

Si malgré tous ses soins et tous ses efforts,
la commission n'atteint point le degré de
perfection que réclame le philosophe, du
moins elle aura la douce consolation d'a-
voir fait tout ce qui a dépendu d'elle,
pour l'approcher d'aussi près que son zèle
et ses talens peuvent le lui permettre,
parce qu'elle est convaincue :

» Qu'aux nombre des causes qui contri-
» buent le plus à faire fleurir le commerce,
» est une bonne administration de la jus-
» tice, parce qu'il n'est pas douteux qu'on
» aime à se fixer dans un pays et à y
» contracter des engagemens, lors qu'on

(*a*) Cité par Boulay, Paty.

» est assuré qu'on y pourra jouir de ses
» droits. « (a).

Mais, négocians russes, pour administrer
la justice, de manière à ne point courir
le risque de briser ses balances entre vos
mains inexpérimentées ; à ne point crain-
dre d'appesantir son glaive sur la tête de
l'innocent, faute de le savoir manier avec
adresse, et de lui assurer le triomphe
duquel dépend en grande partie la prospérité de l'état. Il faut qu'en entrant dans
son temple, vous soyez initiés dans les
saints mystères, qui lui donnent la force
et la vigueur nécessaire pour punir la dé-
loyauté, et foudroyer la mauvaise foi ; et
comme la pratique de ces mystères ne
laisse point de présenter beaucoup de
difficultés : si je puis mériter votre confiance, avec la permission de Sa Majesté,
en ma qualité d'ancien professeur de législation commerciale et maritime, je vous

---

a) Discours de Guillaume IV, prince d'Orange, prononcé
en 1753, inséré dans l'ouvrage intitulé : *Richesses de
la Hollande,* édition in-4 de 1778, tom. 1. pag. 303.

donnerai des leçons gratuites aux jours et aux heures qui pourront vous convenir.

Aussitôt que le projet de code aura paru, je professerai la veille en français, pour ceux qui entendent ma langue, et un jeune Russe, plein de zèle, d'activité et de talent dans la jurisprudence, professera le lendemain la leçon que j'aurai donnée : car, comme le dit très-bien la grande Princesse de glorieuse mémoire, qui a embelli sa couronne des plus beaux fleurons :

» Pour introduire des ..... lois, il est
» nécessaire que les esprits y soient pré-
» parés ; ..... car si les esprits ne sont
» pas préparés , prenez la peine de les
» préparer, et vous aurez déjà beaucoup
» fait » (a).

Immédiatement après que le projet de code sera rendu public, je ferai sortir un prospectus dans les deux langues, pour annoncer, avec la permission de l'autorité l'ouverture du cours.

____

(a) Catherine II. instruct. à la commission des lois, édition franç. chap. 6, p. 58. St.-Pétersbourg, 1769.

La législation maritime demandant les plus grands éclaircissemens, les plus scrupuleuses précautions. Sous peu, pour avoir votre avis j'aurai l'honneur de vous offrir un tableau synoptique, présentant la ramification de tous les points primaires et secondaires, qui sont essentiels à traiter.

Le grand Colbert, petit fils d'un marchand de laine de Rheims, l'un des hommes les plus religieux, l'un des meilleurs administrateurs qui aient posé les bases de la prospérité de son pays, à qui en mourant il a laissé 100,000,000 de livres de rentes, ne dédaignait point d'aller dans les greniers, recevoir des instructions ; et pourquoi, moi, qui suis aussi éloigné du mérite de ce grand homme, que l'astre du jour l'est du globe opaque qu'il éclaire, dédaignerai-je d'aller dans les comptoirs y recueillir les fruits de la pratique et de l'expérience ? non, je n'hésiterai point un moment, surtout lorsque je réfléchirai que c'est à un simple marchand-mercier que la France doit ses lois, qui tout en faisant son éloge, font celui du grand administrateur qui avait su le distinguer dans la foule.

J'ai démontré dans cet opuscule, que quelques paragraphes des lois maritimes, tels que ceux que l'on trouve dans le nouveau code de commerce de France, n'étaient pas suffisans pour la Russie, d'autant plus qu'elle n'a pas une ordonnance de 1681 pour y suppléer; en cela j'ai démontré pour la Russie, ce que Mr. Coppens, homme très-versé dans le droit maritime, a démontré pour la France, malgré le beau et bon supplément qu'elle possède.

J'ai prouvé très-clairement, qu'il était indispensable d'avoir, dans les principaux ports de mer, des tribunaux maritimes et par amendement j'ajoute qu'il serait essentiel d'avoir des tribunaux d'appels pour les deux espèces des justiciabilité : en tems et lieu, je ferai part de mon sentiment sous ce rapport.

Je hésite d'autant moins à faire ces propositions, que ces institutions ne seront nullement à charge au trésor Impérial , vu que les juges du commerce, n'étant point salariés, les droits de leur greffe, et ceux du greffe des juges des tribunaux maritimes, seront plus que suffisans pour couvrir la dépense qu'elles exigeront.

Si mes voeux sont exaucés, il est hors de doute , que les assureurs se présenteront dans tous les ports de mer de la Russie, comme ils commencent à se présenter à Odessa ; conséquemment, la somme énorme des primes d'assurances , le prix de leur courtage et de leur commission, ne passeront plus à l'étranger, et que le commerce et la marine en recevront la plus grande activité, surtout l'un et l'autre, étant protégés par de bonnes lois, sur les faillités et sur les banqueroutes.

Je ne me suis point trompé dans plusieurs circonstances désespérées, en calculant d'après des probabilités qui ne paraissaient rien moins que telles aux yeux d'un très-grand nombre de personnes, auquel les journaux d'un charlatan politique avait fait illusion ; aussi pense-je que je ne me tromperai pas dans celle-ci, en calculant de la même manière. C'est ce que je désire ardemment, afin que la patrie de l'hospitalité qui m'a tendu les bras dans un moment qui m'avait privé de mon roi et de mon pays, trouve plus que le dédomagement des énormes sacrifices qu'elle a fait pour arracher d'un honteux esclavage un grand nombre de nations et consoler l'humanité affligée de tous les maux, qu'elle endurait, depuis environ 25 ans.

Tels sont mes voeux bien sincères plaise à la providence qui, dans les tems les plus critiques, a veillé au salut de l'Empire et l'a pris sous sa sainte protection, les exaucer.

SUPPLÉMENT.

Pour ne point laisser aucun doute, sur les assertions que j'ai données, j'ai cru devoir ajouter celles-ci :

Par l'ordonnance de l'amirauté de Hambourg de 1623, et autres postérieures, le contentieux maritime est attribué à l'amirauté.

Par l'ordonnance de 1655, de Lubeck, on voit que le contentieux maritime est attribué à un tribunal particulier.

Par l'ordonnance du roi d'Espagne, rendue en 1766, pour St.-Sébastien seulement, on voit bien que le consulat, a dans ses attributions, le commerce de mer, comme celui de terre: mais il faut faire attention que St.-Sébastien est un petit port de mer, qui réclame en raison de son peu d'importance, la jonction des deux juridictions, ce qui n'empêche pas que pour les affaires difficile, on ait trouvé à propos d'attacher au tribunal consulaire quatre consulateurs et un avocat. (Ch. 2, de la loi.)

Par les constitutions du roi de Sardaigne de 1770, livre 2, dit. 16, Nice, petit port de mer, a dans ses attributions le contentieux maritime et le contentieux commercial. Mais, son tribunal est composé d'un président, chef du magistrat, de deux gradués, conséquemment de deux personnes qui connaissent le droit, de deux négocians; les trois premiers sont juges à vie et ont seuls voix délibérative pour tous les cas; les deux négocians sont annuels et n'ont voix délibérative que, lorsqu'il s'agit de constater un point de fait, ou un point d'usage; dans tous les autres cas, ils n'ont que voix consultative.

Au reste, ce consulat, a l'un de ses juges gradués alternant avec l'autre pour juger à toute heure, conformément au principe présenté dans cet opuscule.

Je pense que toutes ces autorités ne militent pas peu en faveur de mes opinions.

Il est vrai qu'en France, où l'on s'est plû dans la révolution à faire positivement tout le contraire de ce qu'on avait fait jusqu'à cette fatale époque, c'est-à-dire, où l'on s'est plû à faire tout ce qui était contraire à l'expérience de plusieurs siècles, conséquemment tout ce qui était contraire à la raison, on a réuni les attributions des tribunaux maritimes, con-

nus sous le nom d'amirauté à celles d
tribunaux de commerce, connus sous
nom de juridiction consulaire, et q
malgré que cette jonction ait été très-pr
judiciable, on n'a pas senti aussi douloure
sement tout le mal qui devait la suivre,
ce par une raison bien naturelle, *le co
merce était presque nul:* mais aujot
d'hui qu'il va reprendre un vol plus r
pide que jamais; je soutiens et j'affirr
de la manière la plus positive, que les ch
ses en France, ne pouvant rester dans l
tat où elles sont, on finira par rétablir l
juridictions maritimes, parce que le lég
lateur ne voudrait-il même pas à la su
d'une funeste influence les rétablir, le co
merce trop fortement comprimé dans
juridictions consulaires, fera de deux ch
ses l'une : ou il forcera le préjugé à
laisser respirer librement, ou il sera étouf

Oui, l'institution que je propose est dig
d'une grande nation, puisqu'elle est prop
à sa prospérité et utile pour sa gloire.